PROGRAMANDO CON CALMA

Cómo Mantener la Excelencia en el Software sin Sacrificar tu Bienestar

Santiago Guido

ISBN-13: 9798305686357

Cover design by: Art Painter
Library of Congress Control Number: 2018675309
Printed in the United States of America

*A Nancy, mi compañera de vida,
por ser mi fortaleza ante la adversidad,
mi refugio en los días inciertos,
y mi inspiración constante para seguir adelante.*

CONTENTS

INTRODUCCIÓN

El Arte de Programar con Calma

¡Hola, colega Programador! Si estás leyendo esto, es probable que te hayas encontrado alguna vez en medio de un mar de deadlines, bugs y actualizaciones interminables, preguntándote cómo mantener la calma y la cordura. Bienvenido a "El arte de programar con calma", un espacio donde exploraremos juntos cómo alcanzar la excelencia en el desarrollo de software sin sacrificar nuestra salud mental.

LA IMPORTANCIA DEL BIENESTAR EN EL MUNDO DEL SOFTWARE

En el vertiginoso mundo del desarrollo de software, es fácil quedar atrapado en la carrera por ser más rápido, más eficiente y más innovador. Sin embargo, en esta búsqueda constante de la próxima gran idea o del código perfecto, a menudo olvidamos lo más importante: nuestro bienestar. La verdad es que, sin una mente y un cuerpo saludables, nuestra capacidad para crear software de calidad se ve seriamente comprometida.

Imagina que tu mente es como un procesador. Si lo sobrecalientas, eventualmente se ralentizará o incluso se apagará. Lo mismo ocurre con nosotros. Necesitamos cuidar de nosotros mismos para mantenernos en nuestro mejor estado. El bienestar no es solo un lujo; es una necesidad para cualquier desarrollador que quiera tener una carrera larga y satisfactoria.

El bienestar en el mundo del software no solo se trata de evitar el agotamiento, sino de cultivar un entorno donde podamos prosperar. Esto significa encontrar un equilibrio entre el trabajo y la vida personal, establecer límites saludables y asegurarnos de que estamos cuidando de nuestra salud física y mental. Al hacerlo, no solo mejoramos nuestra calidad de vida, sino que también nos convertimos en mejores profesionales, capaces de enfrentar los desafíos con creatividad y resiliencia.

MITOS SOBRE LA PRODUCTIVIDAD Y EL AGOTAMIENTO

Ahora, hablemos de algunos mitos que rondan por ahí. Uno de los más comunes es que para ser productivo, hay que trabajar largas horas sin descanso. Seguro que has escuchado historias de programadores que pasan noches enteras frente a la pantalla, pero la realidad es que este enfoque no es sostenible. El agotamiento no es una insignia de honor; es una señal de que algo no está funcionando bien.

La cultura del "siempre encendido" nos ha hecho creer que más horas equivalen a más productividad, pero los estudios demuestran lo contrario. Trabajar en exceso puede llevar a errores, disminución de la creatividad y, en última instancia, a un rendimiento inferior. La clave está en trabajar de manera más inteligente, no más dura.

Otro mito es que el estrés es un motor necesario para la creatividad y la productividad. Aunque un poco de presión puede ser motivador, el estrés crónico es perjudicial. Nos roba la capacidad de pensar con claridad, de ser creativos y, en última instancia, de disfrutar lo que hacemos. El estrés constante puede llevar a problemas de salud graves, tanto físicos como mentales, que afectan no solo nuestra vida profesional, sino también nuestra vida personal.

En este libro, vamos a desmitificar estas ideas y explorar cómo podemos trabajar de manera más inteligente, no más dura. Aprenderemos a establecer límites, a tomar descansos efectivos y a encontrar un equilibrio que nos permita ser no solo mejores programadores, sino también personas más felices y saludables.

Así que, prepárate para un viaje hacia un nuevo enfoque del desarrollo de software, uno donde la calma y la excelencia van de la mano. Juntos, descubriremos cómo programar con calma, manteniendo nuestra pasión por la tecnología mientras cuidamos de nosotros mismos.

CAPÍTULO 1 ENTENDIENDO EL AGOTAMIENTO EN LA PROGRAMACIÓN

Ahora que hemos hablado sobre la importancia de mantener la calma en el mundo del desarrollo de software, es hora de profundizar en un tema que muchos de nosotros hemos enfrentado en algún momento: el agotamiento. Vamos a desglosar qué es realmente el agotamiento, cómo nos afecta como desarrolladores y, lo más importante, cómo podemos identificar las señales de advertencia antes de que sea demasiado tarde.

1.1 QUÉ ES EL AGOTAMIENTO Y CÓMO AFECTA A LOS DESARROLLADORES

El agotamiento, también conocido como burnout, es más que solo sentirse cansado después de una larga semana de trabajo. Es un estado de agotamiento físico, emocional y mental causado por el estrés prolongado y excesivo. En el mundo del desarrollo de software, donde las demandas pueden ser intensas y las expectativas altas, el agotamiento puede convertirse en un enemigo silencioso.

Para los desarrolladores, el agotamiento puede manifestarse de varias maneras. Puede que te sientas constantemente fatigado, incluso después de una noche completa de sueño. Tal vez notes que tu motivación ha disminuido y que las tareas que solían emocionarte ahora te parecen abrumadoras. El agotamiento también puede afectar tu capacidad para concentrarte, lo que lleva a errores en el código y a una disminución en la calidad de tu trabajo.

Además, el agotamiento no solo afecta tu vida profesional. Puede filtrarse en tu vida personal, afectando tus relaciones y tu bienestar general. Es como si una nube oscura se posara sobre ti, haciendo que todo parezca más difícil de lo que realmente es.

El entorno de trabajo en el desarrollo de software a menudo está lleno de plazos ajustados, cambios constantes en los requisitos y la presión de mantenerse al día con las últimas tecnologías. Todo esto puede contribuir al agotamiento si no se maneja adecuadamente. Es importante recordar que el agotamiento no es una señal de debilidad, sino una respuesta humana a un estrés prolongado.

1.2 SEÑALES DE ADVERTENCIA Y CÓMO IDENTIFICARLAS

Reconocer las señales de advertencia del agotamiento es crucial para poder tomar medidas antes de que se convierta en un problema mayor. A menudo, estas señales pueden ser sutiles al principio, pero se vuelven más evidentes a medida que el agotamiento se intensifica. Aquí te dejo algunas señales comunes a las que debes prestar atención, junto con consejos sobre cómo identificarlas en tu vida diaria:

1. Fatiga constante:

Descripción: La fatiga constante es más que estar cansado después de un día largo. Es una sensación de agotamiento que persiste incluso después de descansar.

Cómo identificarla: Si te despiertas por la mañana sintiéndote tan cansado como cuando te acostaste, o si necesitas constantemente cafeína para pasar el día, es una señal de que podrías estar experimentando fatiga crónica.

Ejemplo: Imagina que es lunes por la mañana y, a pesar de haber dormido ocho horas, te sientes como si no hubieras dormido en absoluto. Te arrastras fuera de la cama y necesitas dos tazas de café solo para empezar a funcionar. A lo largo del día, sientes que tu energía se agota rápidamente, y para cuando llega la tarde, estás contando las horas para volver a casa y descansar.

2. Desmotivación:

Descripción: La desmotivación se manifiesta como una pérdida de interés o entusiasmo por tareas que antes te apasionaban.

Cómo identificarla: Si notas que estás procrastinando más de lo habitual o que las tareas que solían emocionarte ahora te parecen abrumadoras, es hora de evaluar tu nivel de motivación.

Ejemplo: Supongamos que solías disfrutar trabajar en proyectos de código abierto en tu tiempo libre, pero últimamente, la idea de abrir tu editor de código te parece una tarea monumental. En lugar de eso, te encuentras navegando sin rumbo por las redes sociales o viendo series sin prestarles mucha atención.

3. Irritabilidad y cambios de humor:

Descripción: El agotamiento puede hacer que te sientas más irritable o que experimentes cambios de humor frecuentes.

Cómo identificarla: Si te encuentras reaccionando de manera exagerada a situaciones menores o si tus colegas y amigos comentan que pareces más irritable, podría ser una señal de advertencia.

Ejemplo: Imagina que un compañero de trabajo te pide ayuda con un problema menor, y tu reacción es desproporcionada, sintiéndote frustrado o molesto sin una razón clara. Más tarde, te das cuenta de que has estado reaccionando de manera similar en casa, discutiendo por cosas pequeñas con tu familia o amigos.

4. Dificultad para concentrarte:

Descripción: La falta de concentración puede hacer que te cueste mantener la atención en tus tareas, lo que lleva a errores y disminución de la calidad del trabajo.

Cómo identificarla: Si te das cuenta de que estás leyendo la misma línea de código una y otra vez sin entenderla, o si te distraes fácilmente con las notificaciones, es un indicativo de que tu capacidad de concentración está disminuyendo.

Ejemplo: Estás trabajando en un proyecto importante, pero te das cuenta de que, después de una hora, apenas has avanzado. Te distraes constantemente con correos electrónicos, mensajes de chat o incluso pensamientos aleatorios. Al final del día, sientes que no has logrado nada significativo.

5. Aislamiento:

Descripción: El aislamiento es una tendencia a evitar interacciones sociales y preferir estar solo.

Cómo identificarla: Si te encuentras rechazando invitaciones para salir o evitando conversaciones con colegas, es posible que estés tratando de protegerte del estrés social, pero también puede ser una señal de agotamiento.

Ejemplo: Tus amigos te invitan a una reunión después del trabajo, pero prefieres quedarte en casa. Aunque solías disfrutar de estas salidas, ahora te parecen agotadoras y prefieres evitar el contacto social.

6. Problemas de salud física:

Descripción: El estrés prolongado puede manifestarse físicamente en forma de dolores de cabeza, problemas digestivos o cambios en el apetito.

Cómo identificarla: Presta atención a cualquier cambio en tu salud física que no tenga una explicación clara. Si experimentas síntomas físicos persistentes, podría ser el momento de considerar el impacto del estrés en tu cuerpo.

Ejemplo: Has notado que últimamente tienes dolores de cabeza frecuentes o problemas estomacales sin una causa aparente. A pesar de comer de manera saludable y hacer ejercicio, estos síntomas persisten, lo que podría indicar que el estrés está afectando tu salud física.

7. Sensación de ineficacia:

Descripción: Sentirse ineficaz o que no estás logrando nada significativo puede ser una señal de agotamiento.

Cómo identificarla: Si sientes que, a pesar de tus esfuerzos, no estás avanzando en tus proyectos o que tu trabajo no tiene impacto, es una señal de que podrías estar experimentando agotamiento.

Ejemplo: A pesar de trabajar largas horas, sientes que no estás logrando nada significativo. Los proyectos parecen estancarse y te preguntas si tu trabajo realmente está marcando la diferencia.

8. Cinismo o desapego

Descripción: El agotamiento puede llevar a una actitud cínica hacia el trabajo y a un desapego emocional de tus tareas y colegas

Cómo identificarla: Si te encuentras pensando que nada de lo que haces importa o si te sientes desconectado de tus compañeros de trabajo, es una señal de que el agotamiento podría estar afectando tu perspectiva.

Ejemplo: Notas que te has vuelto más cínico sobre las decisiones de la empresa o los proyectos en los que trabajas. Te sientes desconectado de tus colegas y te cuesta encontrar sentido en las tareas diarias.

Si te identificas con varias de estas señales, es importante que tomes un momento para evaluar tu situación. El primer paso para combatir el agotamiento es reconocer que está ahí. No estás solo en esto, y hay formas de manejarlo y superarlo. En los próximos capítulos, exploraremos estrategias y herramientas que te ayudarán a prevenir y manejar el agotamiento, para que puedas seguir haciendo lo que amas sin sacrificar tu bienestar. Recuerda, programar con calma es posible, y juntos vamos a descubrir cómo lograrlo.

CAPÍTULO 2 CREANDO UN ENTORNO DE TRABAJO SALUDABLE

Después de haber explorado cómo identificar el agotamiento, es hora de hablar sobre cómo podemos prevenirlo creando un entorno de trabajo saludable. Un espacio bien diseñado no solo puede mejorar tu productividad, sino también tu bienestar general. Vamos a sumergirnos en cómo puedes diseñar tu espacio de trabajo para fomentar la creatividad y el bienestar, y qué herramientas y tecnologías pueden ayudarte a trabajar de manera más eficiente y con menos estrés.

2.1 DISEÑO DE ESPACIOS DE TRABAJO QUE FOMENTEN LA CREATIVIDAD Y EL BIENESTAR

El entorno en el que trabajas tiene un impacto significativo en cómo te sientes y en cómo trabajas. Un espacio de trabajo bien diseñado puede inspirarte, mientras que uno desordenado o incómodo puede hacer lo contrario. Aquí te dejo algunos consejos para crear un espacio que fomente tanto la creatividad como el bienestar:

1. Iluminación adecuada:

Importancia: La luz natural es ideal, ya que puede mejorar tu estado de ánimo y aumentar la productividad. La exposición a la luz natural ayuda a regular el ritmo circadiano, lo que puede mejorar el sueño y el bienestar general.

Cómo implementarlo: Si es posible, coloca tu escritorio cerca de una ventana. Si no tienes acceso a luz natural, considera usar lámparas que imiten la luz del día. Las bombillas de espectro completo pueden ser una buena alternativa.

Ejemplo: Imagina trabajar en una oficina con grandes ventanales que dejan entrar la luz del sol. No solo te sentirás más despierto, sino que también puede mejorar tu estado de ánimo. Si trabajas en un espacio sin ventanas, una lámpara de luz diurna puede ayudar a simular los efectos positivos de la luz natural.

2. Ergonomía:

Importancia: Una buena postura puede prevenir dolores de espalda y cuello, y mejorar tu concentración. La ergonomía adecuada reduce la tensión en el cuerpo y puede prevenir lesiones a largo plazo.

Cómo implementarlo: Asegúrate de que tu silla y escritorio sean ergonómicos. Tu silla debe soportar bien tu espalda y permitir que tus pies descansen planos en el suelo. Un escritorio ajustable te permite alternar entre estar sentado y de pie, lo que puede ser beneficioso para la salud.

Ejemplo: Considera invertir en una silla ergonómica que soporte bien tu espalda y un escritorio ajustable que te permita alternar entre estar sentado y de pie. Esto no solo mejora tu postura, sino que también puede aumentar tu energía y concentración.

3. Organización y minimalismo:

Importancia: Un espacio de trabajo ordenado puede ayudarte a concentrarte mejor. El desorden puede ser una distracción visual y mental, mientras que un espacio limpio y organizado puede fomentar la claridad mental.

Cómo implementarlo: Mantén solo lo esencial en tu escritorio y organiza tus herramientas de trabajo de manera que sean fácilmente accesibles. Usa organizadores de escritorio para mantener tus cables, papeles y dispositivos en orden.

Ejemplo: Usa organizadores de escritorio para mantener tus cables, papeles y dispositivos en orden. Un espacio despejado puede hacer maravillas para tu claridad mental. Considera adoptar un enfoque minimalista, eliminando elementos innecesarios que puedan distraerte.

4. Elementos personales:

Importancia: Añadir toques personales, como plantas, fotos o arte, puede hacer que tu espacio de trabajo se sienta más acogedor y menos estéril. Estos elementos pueden proporcionar una sensación de confort y conexión emocional.

Cómo implementarlo: Incorpora elementos que te inspiren o te hagan sentir bien. Las plantas, por ejemplo, no solo añaden un toque de color, sino que también pueden mejorar la calidad del aire.

Ejemplo: Tener una pequeña planta en tu escritorio no solo añade un toque de color, sino que también puede mejorar la calidad del aire y tu bienestar general. Fotos de seres queridos o arte que te inspire pueden hacer que tu espacio se sienta más personal y motivador.

2.2 HERRAMIENTAS Y TECNOLOGÍAS PARA MEJORAR LA PRODUCTIVIDAD SIN ESTRÉS

La tecnología puede ser una gran aliada para mejorar la productividad, siempre y cuando se use de manera inteligente. Aquí te dejo algunas herramientas y tecnologías que pueden ayudarte a trabajar de manera más eficiente y con menos estrés:

1. Software de gestión de tareas:
Importancia: Herramientas como Trello, Asana o Todoist pueden ayudarte a organizar tus tareas y proyectos, permitiéndote ver de un vistazo qué es lo más importante. Estas herramientas facilitan la priorización y el seguimiento del progreso.

Cómo implementarlo: Usa estas herramientas para crear listas de tareas, establecer plazos y asignar prioridades. Esto te ayuda a mantenerte enfocado y a evitar sentirte abrumado por múltiples tareas.

Ejemplo: Usa Trello para crear tableros que te ayuden a visualizar el progreso de tus proyectos. Puedes mover tareas de una columna a otra a medida que avanzas, lo que te da una sensación de logro. Asana puede ser útil para proyectos más complejos, permitiéndote asignar tareas a diferentes miembros del equipo y seguir el progreso.

2. Aplicaciones de enfoque:
Importancia: Aplicaciones como Focus@Will o Forest pueden ayudarte a mantener la concentración al bloquear distracciones y crear un ambiente de trabajo más enfocado. Estas herramientas pueden mejorar tu capacidad para concentrarte durante períodos prolongados.

Cómo implementarlo: Usa estas aplicaciones para establecer bloques de tiempo dedicados al trabajo profundo, seguidos de breves descansos. Esto puede mejorar tu productividad y reducir el estrés.

Ejemplo: Usa Forest para establecer un temporizador de enfoque. Mientras trabajas, un árbol virtual crece en la aplicación. Si sales de la aplicación antes de que el temporizador termine, el árbol muere, lo que te motiva a mantenerte enfocado. Focus@Will ofrece música diseñada para mejorar la concentración, lo que puede ser útil si trabajas en un entorno ruidoso.

3. Herramientas de comunicación:

Importancia: Plataformas como Slack o Microsoft Teams facilitan la comunicación con tu equipo, pero es importante establecer límites para no sentirte abrumado por las notificaciones constantes. Una comunicación efectiva es clave para la colaboración, pero el exceso de notificaciones puede ser una distracción.

Cómo implementarlo: Establece horarios específicos para revisar mensajes en estas plataformas, en lugar de estar disponible todo el tiempo. Esto te ayudará a concentrarte en tus tareas sin interrupciones constantes.

Ejemplo: Establece horarios específicos para revisar mensajes en Slack, en lugar de estar disponible todo el tiempo. Esto te ayudará a concentrarte en tus tareas sin interrupciones constantes. Considera desactivar las notificaciones durante períodos de trabajo profundo para minimizar las distracciones.

4. Automatización de tareas:

Importancia: Herramientas como Zapier o IFTTT pueden automatizar tareas repetitivas, liberando tiempo para que te concentres en lo que realmente importa. La automatización puede reducir la carga de trabajo manual y mejorar la eficiencia.

Cómo implementarlo: Identifica tareas repetitivas que puedan ser automatizadas, como la creación de tareas en tu gestor de proyectos a partir de correos electrónicos importantes.

Ejemplo: Usa Zapier para automatizar la creación de tareas en tu gestor de proyectos cada vez que recibas un correo electrónico importante. Esto reduce la carga de trabajo manual y te ayuda a mantenerte organizado. IFTTT puede conectar diferentes aplicaciones y dispositivos, permitiéndote automatizar flujos de trabajo personalizados.

Crear un entorno de trabajo saludable es un pilar esencial para prevenir el agotamiento y promover un bienestar integral. En el acelerado mundo del desarrollo de software, donde las demandas pueden ser abrumadoras, contar con un espacio de trabajo que no solo sea funcional, sino también inspirador, puede marcar una gran diferencia en tu día a día.

Al diseñar un espacio que fomente la creatividad, estás invirtiendo en tu capacidad para innovar y resolver problemas de manera efectiva. Un entorno bien pensado, con iluminación adecuada, ergonomía y elementos personales, no solo mejora tu confort físico, sino que también nutre tu salud mental. Este tipo de espacio te invita a entrar en un estado de flujo, donde las ideas fluyen con facilidad y las soluciones surgen de manera natural.

Además, al integrar herramientas y tecnologías que optimicen la productividad sin añadir estrés, puedes trabajar de manera más eficiente y con menos distracciones. Esto no solo te ayuda a cumplir con tus responsabilidades laborales, sino que también te deja tiempo y energía para disfrutar de tus pasiones y relaciones personales. Un entorno de trabajo saludable te permite establecer un equilibrio entre tus objetivos profesionales y tu vida personal, asegurando que puedas prosperar en ambos ámbitos.

En última instancia, un entorno de trabajo bien diseñado es una inversión en ti mismo. Te proporciona la base necesaria para enfrentar los desafíos con resiliencia y entusiasmo, permitiéndote crecer y desarrollarte tanto personal como profesionalmente. Al priorizar tu bienestar en el lugar de trabajo, estás tomando un paso proactivo hacia una carrera más satisfactoria y una vida más equilibrada.

CAPÍTULO 3 GESTIÓN DEL TIEMPO, PRIORIDADES Y DESCANSOS

En este capítulo, vamos a abordar un tema que es crucial para cualquier desarrollador: cómo gestionar tu tiempo, establecer prioridades y, por supuesto, la importancia de los descansos. En un mundo donde las demandas son constantes y el tiempo parece escaso, aprender a manejarlo de manera efectiva puede marcar una gran diferencia en tu productividad y bienestar. Vamos a explorar algunas técnicas efectivas para la gestión del tiempo, cómo establecer prioridades sin comprometer la calidad, y los beneficios de las pausas regulares para la salud mental, junto con estrategias para incorporarlas en tu rutina diaria.

3.1 TÉCNICAS EFECTIVAS PARA LA GESTIÓN DEL TIEMPO

La gestión del tiempo es una habilidad esencial para cualquier desarrollador que quiera maximizar su productividad sin sacrificar su bienestar. No se trata solo de hacer más cosas en menos tiempo, sino de asegurarse de que estás dedicando tu energía a las tareas que realmente importan. Aquí te dejo algunas técnicas que pueden ayudarte a optimizar tu tiempo de manera efectiva:

1. La Técnica Pomodoro:

Descripción: Esta técnica, desarrollada por Francesco Cirillo, se basa en trabajar en intervalos de tiempo fijos, llamados "pomodoros", que suelen durar 25 minutos, seguidos de un breve descanso de 5 minutos. Después de completar cuatro pomodoros, tomas un descanso más largo de 15-30 minutos.

Cómo implementarlo: Usa un temporizador para dividir tu trabajo en pomodoros. Durante cada pomodoro, concéntrate en una sola tarea sin interrupciones. Esto no solo mejora tu enfoque, sino que también te ayuda a evitar el agotamiento al permitirte descansar regularmente.

Ejemplo: Supongamos que estás trabajando en una nueva funcionalidad para una aplicación. Configura un temporizador para 25 minutos y trabaja exclusivamente en esa tarea. Cuando el temporizador suene, toma un descanso corto para despejar tu mente antes de comenzar el siguiente pomodoro. Este ciclo te ayuda a mantener un ritmo constante y a evitar la fatiga mental.

2. Matriz de Eisenhower:

Descripción: Esta matriz, popularizada por el presidente Dwight D. Eisenhower, te ayuda a priorizar tareas dividiéndolas en cuatro cuadrantes: urgente e importante, importante pero no urgente, urgente pero no importante, y ni urgente ni importante. La idea es centrarte en lo que realmente importa y dejar de lado lo que no.

Cómo implementarlo: Al comienzo de cada día o semana, clasifica tus tareas en estos cuadrantes y enfócate primero en las que son urgentes e importantes. Esto te ayuda a evitar la trampa de dedicar tiempo a tareas que parecen urgentes pero que no aportan valor real.

Ejemplo: Tienes una lista de tareas que incluye corregir un bug crítico (urgente e importante), planificar una reunión de equipo (importante pero no urgente), responder correos electrónicos (urgente pero no importante) y leer artículos de la industria (ni urgente ni importante). Prioriza el bug crítico y la planificación de la reunión, y programa tiempo específico para los correos electrónicos y la lectura.

3. Bloques de tiempo:

Descripción: Consiste en reservar bloques de tiempo específicos en tu calendario para trabajar en tareas importantes, asegurando que tengas tiempo dedicado para concentrarte sin interrupciones. Esto te permite estructurar tu día de manera que puedas abordar tareas complejas cuando estás más fresco y alerta.

Cómo implementarlo: Bloquea tiempo en tu calendario para tareas específicas y trata estos bloques como reuniones importantes que no se pueden cancelar. Esto te ayuda a proteger tu tiempo de distracciones y a asegurarte de que estás dedicando suficiente tiempo a tus prioridades.

Ejemplo: Reserva las mañanas para el trabajo profundo, como desarrollo de software o diseño, y las tardes para reuniones y tareas administrativas. Esto te permite aprovechar tus horas más productivas para el trabajo que requiere más concentración.

4. Regla de los dos minutos:

Descripción: Si una tarea puede completarse en dos minutos o menos, hazla de inmediato en lugar de posponerla. Esta regla es parte del método de productividad GTD (Getting Things Done) de David Allen y ayuda a evitar la acumulación de pequeñas tareas que pueden convertirse en una carga mental.

Cómo implementarlo: Aplica esta regla a tareas pequeñas y rápidas, como responder un correo electrónico breve o actualizar un documento. Esto te ayuda a mantener tu lista de tareas manejable y a liberar espacio mental para tareas más importantes.

Ejemplo: Recibes un correo electrónico que solo requiere una respuesta rápida. En lugar de dejarlo para más tarde, respóndelo de inmediato y táchalo de tu lista. Esto te permite mantener tu bandeja de entrada organizada y evitar la acumulación de correos pendientes.

5. Revisión semanal:

Descripción: Dedicar tiempo al final de cada semana para revisar lo que has logrado y planificar la próxima semana es una técnica poderosa para la gestión del tiempo. Te permite reflexionar sobre tus éxitos y desafíos, y ajustar tus prioridades en consecuencia.

Cómo implementarlo: Reserva un bloque de tiempo cada semana para revisar tus tareas completadas, evaluar tu progreso hacia tus objetivos y planificar la próxima semana. Esto te ayuda a mantener el rumbo y a asegurarte de que estás avanzando en la dirección correcta.

Ejemplo: Al final de la semana, revisa tu lista de tareas y evalúa qué se completó y qué no. Ajusta tus prioridades para la próxima semana en función de los cambios en tus objetivos o en el proyecto. Esto te permite comenzar la semana con claridad y enfoque.

3.2 CÓMO ESTABLECER PRIORIDADES SIN COMPROMETER LA CALIDAD

Establecer prioridades es una habilidad esencial para cualquier desarrollador que quiera asegurarse de que está trabajando en lo que realmente importa. Sin embargo, priorizar no significa simplemente elegir qué hacer primero; se trata de tomar decisiones estratégicas que te permitan mantener la calidad de tu trabajo mientras avanzas hacia tus objetivos. Aquí te dejo algunas estrategias para establecer prioridades de manera efectiva sin comprometer la calidad:

1. Define tus objetivos claros:
Descripción: Tener una comprensión clara de tus objetivos a corto y largo plazo es fundamental para establecer prioridades. Cuando sabes hacia dónde te diriges, es más fácil decidir qué tareas son esenciales para llegar allí.
Cómo implementarlo: Dedica tiempo a definir tus objetivos personales y profesionales. Asegúrate de que sean específicos, medibles, alcanzables, relevantes y con un tiempo definido (SMART).
Ejemplo: Si tu objetivo es lanzar una nueva funcionalidad en un mes, prioriza las tareas relacionadas con ese objetivo sobre otras que no contribuyan directamente. Esto podría incluir la investigación de requisitos, el diseño de la arquitectura y las pruebas de usuario.

2. Evalúa el impacto y el esfuerzo:
Descripción: No todas las tareas tienen el mismo impacto en tus objetivos. Evaluar el impacto potencial de una tarea en relación con el esfuerzo requerido te ayuda a priorizar de manera más efectiva.
Cómo implementarlo: Crea una matriz de impacto/esfuerzo para clasificar tus tareas. Las tareas de alto impacto y bajo esfuerzo deben ser tu prioridad.
Ejemplo: Si tienes que elegir entre optimizar una función que mejora

significativamente la experiencia del usuario (alto impacto, bajo esfuerzo) o corregir un error menor (bajo impacto, alto esfuerzo), prioriza la optimización.

3. Aprende a decir no:

Descripción: No todas las tareas o solicitudes merecen tu atención. Aprender a decir no a lo que no es prioritario es clave para mantener la calidad de tu trabajo.

Cómo implementarlo: Evalúa cada nueva tarea o solicitud y decide si realmente merece tu tiempo y atención. No tengas miedo de rechazar tareas que no se alineen con tus objetivos.

Ejemplo: Un colega te pide ayuda con un proyecto que no está relacionado con tus objetivos actuales. Si estás ocupado con tareas prioritarias, es razonable explicar tu situación y ofrecer ayuda en otro momento.

4. Establece plazos realistas:

Descripción: Establecer plazos realistas para tus tareas te ayuda a gestionar tus expectativas y a evitar comprometer la calidad por la prisa.

Cómo implementarlo: Al planificar tus tareas, considera el tiempo necesario para completarlas con calidad. No subestimes el tiempo que lleva hacer un trabajo bien hecho.

Ejemplo: Si sabes que una tarea compleja de desarrollo llevará una semana, no te comprometas a entregarla en tres días. Comunica claramente tus plazos a tu equipo para evitar sorpresas.

5. Revisa y ajusta regularmente:

Descripción: Las prioridades pueden cambiar, por lo que es importante revisar y ajustar tus prioridades regularmente. Esto te permite adaptarte a nuevas circunstancias sin comprometer la calidad.

Cómo implementarlo: Dedica tiempo al final de cada semana para revisar lo que has logrado y ajustar tus prioridades para la próxima semana.

Ejemplo: Al final de la semana, revisa tu lista de tareas y evalúa qué se completó y qué no. Ajusta tus prioridades para la próxima semana en función de los cambios en tus objetivos o en el proyecto.

6. Comunica tus prioridades:

Descripción: La comunicación clara con tu equipo y tus superiores sobre tus prioridades es esencial para evitar malentendidos y asegurar que todos estén alineados.

Cómo implementarlo: Comparte tus prioridades y plazos con tu equipo y solicita su apoyo para mantener el enfoque en lo que realmente importa.

Ejemplo: Durante una reunión de equipo, explica por qué ciertas tareas son prioritarias y cómo se alinean con los objetivos del proyecto. Esto ayuda a todos a entender el panorama general y a trabajar juntos hacia el mismo objetivo.

3.3 BENEFICIOS DE LAS PAUSAS REGULARES PARA LA SALUD MENTAL

En el mundo del desarrollo de software, donde las demandas son constantes y la presión por cumplir plazos puede ser intensa, es fácil caer en la trampa de trabajar sin parar. Sin embargo, tomar pausas regulares es crucial no solo para tu productividad, sino también para tu salud mental. Aquí te dejo algunos de los beneficios más importantes de incorporar descansos en tu rutina diaria:

Incorporar pausas regulares en tu rutina no solo mejora tu productividad, sino que también contribuye significativamente a tu bienestar general. Al permitirte descansar y recargar energías, puedes enfrentar los desafíos del desarrollo de software con una mente clara y renovada.

1. Mejora de la concentración y la creatividad:
Descripción: Nuestro cerebro no está diseñado para mantener un enfoque intenso durante largos períodos sin descanso. Las pausas permiten que tu mente se recargue, lo que mejora tu capacidad para concentrarte y pensar de manera creativa.

Cómo funciona: Al alejarte de una tarea, le das a tu cerebro la oportunidad de procesar información en segundo plano. Esto puede llevar a momentos de "eureka" cuando menos lo esperas.

Ejemplo: Imagina que estás atascado en un problema de codificación. Después de una breve caminata o un café, vuelves a tu escritorio con una nueva perspectiva y, a menudo, con la solución que antes parecía esquiva.

2. Reducción del estrés y la ansiedad:
Descripción: Las pausas regulares pueden ayudar a reducir el estrés acumulado durante el día. Al tomarte un momento para relajarte, puedes disminuir la tensión y la ansiedad, lo que contribuye a un mejor estado de

ánimo y bienestar general.

Cómo funciona: Las pausas permiten que tu cuerpo y mente se relajen, reduciendo la producción de hormonas del estrés como el cortisol.

Ejemplo: Durante un día particularmente agitado, tomarte cinco minutos para practicar la respiración profunda o meditar puede ayudarte a calmarte y a enfrentar el resto del día con más tranquilidad.

3. Prevención del agotamiento:

Descripción: Incorporar descansos en tu rutina diaria es una estrategia efectiva para prevenir el agotamiento. Al permitirte descansar, evitas el desgaste físico y mental que puede llevar al burnout.

Cómo funciona: Las pausas regulares ayudan a mantener un nivel de energía constante, evitando la fatiga extrema que puede acumularse con el tiempo.

Ejemplo: Al final de una semana intensa, te das cuenta de que las pausas que tomaste durante el día te han ayudado a mantener un nivel de energía constante, evitando la sensación de agotamiento extremo.

4. Mejora de la salud física:

Descripción: Las pausas no solo benefician tu salud mental, sino también tu salud física. Levantarte y moverte regularmente puede ayudar a prevenir problemas de salud asociados con el sedentarismo, como el dolor de espalda y la fatiga ocular.

Cómo funciona: Al moverte, mejoras la circulación sanguínea y reduces la tensión muscular, lo que puede prevenir dolores y molestias.

Ejemplo: Cada hora, levántate de tu escritorio y da una vuelta por la oficina o tu casa. Estas pequeñas pausas pueden hacer una gran diferencia en cómo te sientes al final del día.

5. Fomento de la resiliencia emocional:

Descripción: Las pausas regulares te permiten reconectar contigo mismo y con tus emociones, lo que puede mejorar tu resiliencia emocional. Esto te ayuda a manejar mejor los desafíos y las frustraciones del trabajo.

Cómo funciona: Al tomarte un momento para reflexionar y relajarte, puedes procesar tus emociones de manera más efectiva, lo que te ayuda a mantener la calma en situaciones estresantes.

Ejemplo: Durante un descanso, dedica unos minutos a escribir en un diario o simplemente a reflexionar sobre tu día. Esto puede ayudarte a ganar perspectiva y a manejar mejor las emociones difíciles.

Incorporar pausas regulares en tu rutina no solo mejora tu productividad, sino que también contribuye significativamente a tu bienestar general. Al permitirte descansar y recargar energías, puedes enfrentar los desafíos del desarrollo de software con una mente clara y renovada.

3.4 ESTRATEGIAS PARA INCORPORAR DESCANSOS EFECTIVOS EN TU RUTINA

Incorporar descansos efectivos en tu rutina diaria es esencial para mantener un alto nivel de productividad y bienestar. Sin embargo, no se trata solo de tomar cualquier pausa, sino de hacerlo de manera que realmente beneficie tu mente y cuerpo. Aquí te dejo algunas estrategias para asegurarte de que tus descansos sean lo más efectivos posible:

1. Programar descansos regulares:

Descripción: La clave para incorporar descansos efectivos es programarlos de manera regular, en lugar de esperar a sentirte agotado. Esto ayuda a mantener un ritmo constante y evita el agotamiento.

Cómo implementarlo: Usa técnicas como la Técnica Pomodoro, que consiste en trabajar durante 25 minutos seguidos de un descanso de 5 minutos. Después de cuatro ciclos, toma un descanso más largo de 15-30 minutos.

Ejemplo: Configura un temporizador en tu teléfono o computadora para recordarte que debes tomar un descanso. Durante esos cinco minutos, levántate, estírate o haz algo que te relaje, como escuchar música o tomar un poco de aire fresco.

2. Incorporar micro-pausas:

Descripción: Las micro-pausas son descansos muy breves, de 1 a 2 minutos, que puedes tomar cada hora. Son ideales para aliviar la tensión acumulada y refrescar la mente.

Cómo implementarlo: Durante estas pausas, simplemente levántate, mueve el cuerpo o mira por la ventana. Puedes hacer ejercicios de estiramiento o simplemente cerrar los ojos y respirar profundamente.

Ejemplo: Cada hora, levántate de tu escritorio y da una vuelta por la oficina o tu casa. Estas pequeñas pausas pueden hacer una gran diferencia en cómo te sientes al final del día, ayudando a prevenir la fatiga ocular y la rigidez muscular.

3. Desconectar completamente:

Descripción: Durante tus descansos más largos, intenta desconectar completamente del trabajo. Esto significa alejarte de la pantalla y hacer algo que realmente disfrutes.

Cómo implementarlo: Dedica tiempo a actividades que te relajen y te hagan feliz, como leer un libro, escuchar música, practicar un hobby o dar un paseo al aire libre.

Ejemplo: Durante tu hora de almuerzo, sal a caminar al parque cercano sin tu teléfono. Disfruta del aire fresco y del entorno, permitiendo que tu mente se relaje completamente y se recargue para la tarde.

4. Practicar la atención plena:

Descripción: La atención plena, o mindfulness, es una excelente manera de aprovechar al máximo tus descansos. Te ayuda a centrarte en el momento presente y a reducir el estrés.

Cómo implementarlo: Dedica unos minutos a meditar o simplemente a concentrarte en tu respiración. Puedes usar aplicaciones de meditación guiada para facilitar el proceso.

Ejemplo: Usa una aplicación de meditación guiada durante tus descansos para centrarte y reducir el estrés. Incluso unos pocos minutos de atención plena pueden tener un impacto positivo en tu día, ayudándote a volver al trabajo con una mente más clara y tranquila.

5. Variedad en las actividades de descanso:

Descripción: Cambiar las actividades que realizas durante tus descansos puede mantenerlos frescos y efectivos. La variedad ayuda a estimular diferentes partes del cerebro y a evitar la monotonía.

Cómo implementarlo: Alterna entre actividades físicas, como caminar o estirarte, y actividades mentales, como leer o resolver un rompecabezas.

Ejemplo: Un día, puedes optar por una caminata rápida durante el almuerzo, y al siguiente, dedicar tiempo a un rompecabezas o a un juego de mesa. Esta variedad no solo mantiene tus descansos interesantes, sino que también te ayuda a recargar energías de diferentes maneras.

6. Establecer límites claros:

Descripción: Para que los descansos sean efectivos, es importante establecer límites claros con respecto a las interrupciones y distracciones durante el tiempo de descanso.

Cómo implementarlo: Comunica a tus colegas o familiares que estarás tomando un descanso y que no estarás disponible durante ese tiempo, a menos que sea una emergencia.

Ejemplo: Si trabajas desde casa, informa a tu familia sobre tus horarios de descanso para que respeten esos momentos. En la oficina, puedes usar un cartel o una señal para indicar que estás en un descanso y no deseas ser interrumpido.

Incorporar descansos efectivos en tu rutina no solo mejora tu productividad, sino que también contribuye significativamente a tu bienestar general. Al permitirte descansar y recargar energías, puedes enfrentar los desafíos del desarrollo de software con una mente clara y renovada.

En este capítulo, hemos aprendido que gestionar el tiempo, establecer prioridades y tomar descansos efectivos son habilidades esenciales para cualquier desarrollador que busque trabajar de manera más inteligente y mantener su bienestar. Al aplicar técnicas como la Técnica Pomodoro y la Matriz de Eisenhower, puedes estructurar tu día para enfocarte en lo que realmente importa, mejorando así tu productividad y eficiencia.

Establecer prioridades te permite concentrarte en tareas que verdaderamente contribuyen a tus objetivos, asegurando que mantengas la calidad de tu trabajo. Aprender a decir no a las distracciones es clave para mantener el enfoque y la excelencia en tus proyectos.

Además, incorporar descansos regulares en tu rutina es crucial para recargar energías y mejorar tu concentración y creatividad. Al desconectar completamente durante estos descansos, puedes regresar al trabajo con una mente renovada y lista para enfrentar nuevos desafíos.

En resumen, al implementar estas técnicas, no solo mejorarás tu productividad, sino que también crearás un entorno de trabajo más equilibrado y sostenible, cuidando de ti mismo en el proceso.

CAPÍTULO 4 FOMENTANDO
LA COLABORACIÓN Y
EL APOYO MUTUO

En este capítulo, exploraremos un aspecto fundamental del desarrollo de software que a menudo se pasa por alto: la colaboración y el apoyo mutuo. Aunque el desarrollo de software puede parecer una actividad solitaria, la realidad es que la mayoría de los proyectos exitosos son el resultado de un esfuerzo en equipo. Vamos a ver cómo construir equipos de trabajo saludables y colaborativos, y por qué el apoyo social es tan importante en el entorno laboral.

4.1 CONSTRUYENDO EQUIPOS DE TRABAJO SALUDABLES Y COLABORATIVOS

Un equipo de trabajo saludable y colaborativo es la columna vertebral de cualquier proyecto exitoso. Cuando los miembros del equipo se sienten valorados y apoyados, están más motivados y comprometidos con el éxito del proyecto. Aquí te dejo algunas estrategias para construir un equipo fuerte y colaborativo:

1. Fomentar la comunicación abierta:

Descripción: La comunicación abierta es clave para resolver problemas rápidamente y evitar malentendidos. Fomenta un ambiente donde todos se sientan cómodos compartiendo ideas y preocupaciones.

Cómo implementarlo: Organiza reuniones regulares donde todos puedan expresar sus opiniones y sugerencias. Usa herramientas de comunicación como Slack o Microsoft Teams para mantener a todos informados.

Ejemplo: Imagina que estás trabajando en un proyecto con un plazo ajustado. Al tener reuniones diarias de pie (stand-ups), el equipo puede discutir rápidamente los obstáculos y encontrar soluciones juntos, asegurando que todos estén en la misma página.

2. Definir roles y responsabilidades claras:

Descripción: Tener roles y responsabilidades claras ayuda a evitar confusiones y asegura que todos sepan qué se espera de ellos.

Cómo implementarlo: Al inicio de un proyecto, define claramente quién es responsable de qué tareas y asegúrate de que todos entiendan sus roles.

Ejemplo: En un equipo de desarrollo, un miembro puede ser responsable del frontend, otro del backend y otro de las pruebas. Al tener roles definidos, cada persona puede concentrarse en su área de especialización, lo que mejora la eficiencia y la calidad del trabajo.

3. Fomentar la diversidad y la inclusión:

Descripción: La diversidad en un equipo aporta diferentes perspectivas y habilidades, lo que puede conducir a soluciones más innovadoras.

Cómo implementarlo: Promueve un ambiente inclusivo donde se valoren las diferentes experiencias y puntos de vista. Asegúrate de que todos tengan la oportunidad de contribuir.

Ejemplo: Al trabajar en un nuevo producto, un equipo diverso puede aportar ideas que reflejen una variedad de experiencias de usuario, lo que resulta en un producto más accesible y atractivo para un público más amplio.

4. Celebrar los logros y aprender de los errores:

Descripción: Reconocer los logros del equipo y aprender de los errores fomenta un ambiente positivo y de crecimiento.

Cómo implementarlo: Celebra los hitos alcanzados y organiza retrospectivas para discutir qué funcionó bien y qué se puede mejorar.

Ejemplo: Después de lanzar una nueva funcionalidad, organiza una reunión para celebrar el éxito y discutir cualquier desafío que surgió durante el proceso. Esto no solo motiva al equipo, sino que también proporciona valiosas lecciones para futuros proyectos.

4.2 LA IMPORTANCIA DEL APOYO SOCIAL EN EL ENTORNO LABORAL

El apoyo social en el trabajo es crucial para el bienestar emocional y la satisfacción laboral. Sentirse parte de una comunidad puede reducir el estrés y aumentar la motivación. Aquí te dejo algunas razones por las que el apoyo social es tan importante:

1. Reducción del estrés:

Descripción: Tener colegas en los que puedes confiar y con quienes puedes compartir tus preocupaciones puede aliviar el estrés y la ansiedad.

Cómo implementarlo: Fomenta un ambiente donde las personas se sientan cómodas compartiendo sus desafíos y buscando apoyo.

Ejemplo: Si un miembro del equipo está lidiando con un problema técnico difícil, saber que puede pedir ayuda a sus colegas sin juicio puede reducir su estrés y ayudar a encontrar una solución más rápidamente.

2. Aumento de la motivación y el compromiso:

Descripción: Sentirse apoyado por tus compañeros de trabajo puede aumentar tu motivación y compromiso con el equipo y el proyecto.

Cómo implementarlo: Organiza actividades de team building y fomenta un sentido de comunidad dentro del equipo.

Ejemplo: Un equipo que organiza almuerzos mensuales o actividades fuera del trabajo puede fortalecer las relaciones personales, lo que se traduce en un mayor compromiso y colaboración en el trabajo.

3. Fomento de la innovación:

Descripción: Un ambiente de apoyo donde se valoran las ideas de todos puede fomentar la innovación y la creatividad.

Cómo implementarlo: Anima a los miembros del equipo a compartir sus ideas y a colaborar en soluciones creativas.

Ejemplo: Durante una sesión de brainstorming, un ambiente de apoyo puede alentar a los miembros del equipo a proponer ideas innovadoras sin temor al rechazo, lo que puede llevar a soluciones únicas y efectivas.

4. Mejora del bienestar general:

Descripción: El apoyo social en el trabajo contribuye al bienestar general, lo que puede mejorar la satisfacción laboral y la retención de empleados.

Cómo implementarlo: Crea un ambiente donde se valore el bienestar de los empleados y se ofrezcan recursos para apoyar su salud mental y emocional.

Ejemplo: Proporcionar acceso a programas de bienestar o asesoramiento puede demostrar que la empresa valora el bienestar de sus empleados, lo que puede mejorar la moral y la satisfacción laboral.

Fomentar la colaboración y el apoyo mutuo en el entorno laboral es clave para mejorar tanto la productividad como el bienestar de los empleados. Al construir equipos saludables y valorar el apoyo social, creas un ambiente donde la comunicación fluye, las ideas innovadoras son bienvenidas y los desafíos se abordan juntos. Esto no solo impulsa el éxito del proyecto, sino que también fortalece la moral y reduce el estrés, promoviendo una cultura organizacional positiva. En resumen, priorizar la colaboración y el apoyo mutuo transforma el entorno laboral en un lugar donde todos pueden prosperar y contribuir con su máximo potencial.

CAPÍTULO 5 MINDFULNESS Y TÉCNICAS DE RELAJACIÓN PARA PROGRAMADORES

Ahora vamos a sumergirnos en el mundo del mindfulness y las técnicas de relajación, herramientas increíblemente útiles para nosotros, los desarrolladores de software. Si alguna vez has sentido que el estrés y la presión de las fechas límite están afectando tu bienestar, este capítulo es para ti. Exploraremos qué es el mindfulness, sus beneficios y algunas prácticas sencillas que puedes incorporar en tu rutina diaria para reducir el estrés.

5.1 INTRODUCCIÓN AL MINDFULNESS Y SUS BENEFICIOS

El mindfulness, o atención plena, es una práctica que implica concentrarse en el momento presente de manera intencionada y sin juzgar. Es como darle a tu cerebro un momento de respiro del bullicio mental constante. En el ajetreo del desarrollo de software, donde tu mente está a menudo enfocada en resolver problemas complejos o en las próximas entregas, el mindfulness puede ser un verdadero salvavidas.

Beneficios del mindfulness:

1. Reducción del estrés y la ansiedad: Al centrarte en el presente, puedes evitar el ciclo de pensamientos negativos y preocupaciones que suelen causar ansiedad.

2. Mejora de la concentración y el enfoque: La práctica regular de mindfulness entrena tu mente para que se relaje y se concentre mejor, útil para esos momentos en los que el código te tiene atrapado.

3. Mayor claridad mental y toma de decisiones: Cuando tu mente está tranquila y clara, es más fácil tomar decisiones informadas y abordar problemas con una perspectiva fresca.

4. Bienestar emocional: El mindfulness te ayuda a desarrollar una actitud más positiva y a gestionar tus emociones de manera efectiva, lo que te hace más resiliente frente a retos y cambios.

5.2 EJERCICIOS PRÁCTICOS PARA REDUCIR EL ESTRÉS DIARIO

Incorporar mindfulness en tu vida diaria no tiene por qué ser complicado. Aquí te dejo algunos ejercicios prácticos que puedes probar:

1. Respiración consciente:
Descripción: Dedica unos minutos a concentrarte en tu respiración. Siente cómo el aire entra y sale de tus pulmones, sin intentar cambiar la forma en que respiras.
Cuándo hacerlo: Antes de comenzar tu jornada laboral o durante un descanso.
Ejemplo: Siéntate cómodamente, cierra los ojos y simplemente presta atención a tu respiración. Si tu mente comienza a divagar, gentilmente redirígela de vuelta a tu respiración.

2. Escaneo corporal:
Descripción: Recorre mentalmente tu cuerpo, prestando atención a las sensaciones que experimentas en cada parte, desde la cabeza hasta los pies.
Cuándo hacerlo: Durante un descanso, especialmente si has estado sentado por mucho tiempo frente al ordenador.
Ejemplo: Cierra los ojos, respira hondo y comienza a centrar tu atención en tu cabeza. Lentamente baja por tu cuello, hombros, brazos, y así sucesivamente, notando cualquier tensión y dejándola ir con cada exhalación.

3. Meditación caminando:
Descripción: Presta atención a las sensaciones físicas de caminar. Observa cómo se sienten tus pies al tocar el suelo y el movimiento de tus piernas.
Cuándo hacerlo: Si necesitas despejar tu mente, hazlo durante una pausa corta o después de una larga sesión de codificación.
Ejemplo: Sal a caminar al aire libre. Mientras caminas, concéntrate en cada paso, en cómo se siente tu cuerpo y en los sonidos a tu alrededor,

manteniendo tu mente presente en la experiencia de caminar.

4. Mindful coding:

Descripción: Aplica el mindfulness directamente a tus tareas de programación. Concéntrate en una tarea a la vez, reconociendo distracciones pero eligiendo no seguirlas.

Cuándo hacerlo: Al abordar tareas complejas o cuando te sientas abrumado por múltiples proyectos.

Ejemplo: Mientras trabajas en un fragmento de código, permanece presente; observa el código y su funcionalidad. Si notas distracciones, identifica la interrupción, pero vuelve a enfocarte en el código.

5. Diario de gratitud:

Descripción: Antes de terminar el día, anota tres cosas por las que estás agradecido. Esto mueve tu enfoque hacia experiencias positivas.

Cuándo hacerlo: Al final de tu jornada laboral o antes de dormir.

Ejemplo: Escribe en tu diario o aplicación de notas acerca de las cosas por las que te sientes agradecido hoy. Reflexionar sobre estos aspectos positivos puede cambiar tu perspectiva y ayudarte a terminar el día en calma.

5.3 IMPLEMENTANDO EL MINDFULNESS EN LA RUTINA DE UN PROGRAMADOR

Integrar el mindfulness en tu rutina diaria como programador puede parecer un desafío al principio, pero con algunos ajustes simples, puedes hacer que se convierta en una parte natural de tu día. Aquí te dejo algunas ideas para lograrlo:

1. Comienza el día con intención:
Descripción: Dedica unos minutos al inicio de tu día para establecer una intención. Esto puede ser algo tan simple como "Hoy me concentraré en mantener la calma ante los desafíos".
Cómo implementarlo: Antes de encender tu computadora, siéntate en silencio y reflexiona sobre tu intención para el día. Esto te ayuda a comenzar con una mentalidad positiva y enfocada.

2. Incorpora pausas de mindfulness:
Descripción: Programa pausas breves de mindfulness a lo largo del día para recargar energías y mantener la claridad mental.
Cómo implementarlo: Usa un temporizador para recordarte que debes tomar un descanso de mindfulness cada hora. Durante estos minutos, practica la respiración consciente o el escaneo corporal.

3. Crea un espacio de trabajo mindful:
Descripción: Diseña tu espacio de trabajo para que sea un lugar que fomente la calma y la concentración.
Cómo implementarlo: Mantén tu escritorio ordenado, añade elementos que te inspiren, como plantas o fotos, y asegúrate de que tu silla y escritorio sean ergonómicos.

4. Practica la gratitud en el trabajo:

Descripción: Al final de cada día laboral, reflexiona sobre lo que salió bien y por qué estás agradecido.

Cómo implementarlo: Dedica unos minutos a escribir en un diario de gratitud o simplemente reflexiona mentalmente sobre los aspectos positivos de tu día.

5. Cierra el día con mindfulness:

Descripción: Termina tu jornada laboral con una breve práctica de mindfulness para desconectar y relajarte.

Cómo implementarlo: Antes de cerrar tu computadora, realiza un ejercicio de respiración consciente o meditación guiada para liberar el estrés acumulado y prepararte para una noche tranquila.

5.4 PRÁCTICA RECOMENDADA: MEDITACIÓN DE UN MINUTO

Una práctica sencilla de mindfulness que puedes incorporar fácilmente en tu rutina diaria es la meditación de un minuto. Esta técnica es ideal para programadores que buscan un método rápido y efectivo para reducir el estrés y mejorar la concentración.

Cómo practicar la meditación de un minuto:

• Encuentra un lugar tranquilo: Siéntate cómodamente en tu silla de trabajo o en un lugar tranquilo donde no te interrumpan.

• Cierra los ojos: Cierra los ojos suavemente y lleva tu atención a tu respiración.

• Respira profundamente: Inhala profundamente por la nariz, sostén la respiración por un momento y luego exhala lentamente por la boca.

• Concéntrate en la respiración: Durante un minuto, enfoca toda tu atención en el ritmo de tu respiración. Si tu mente comienza a divagar, simplemente redirige tu atención de vuelta a la respiración.

• Regresa al trabajo renovado: Al finalizar el minuto, abre los ojos y regresa a tu trabajo con una mente más clara y tranquila.

La meditación de un minuto es una herramienta poderosa que puedes usar en cualquier momento del día para centrarte y reducir el estrés. Al integrar esta práctica en tu rutina, puedes mejorar tu enfoque y bienestar general, haciendo que el Mindful Coding sea una parte natural de tu experiencia de programación.

Implementar el mindfulness en tu rutina diaria no solo te ayudará a reducir el estrés, sino que también mejorará tu enfoque y bienestar general. Al integrar estas prácticas en tu día a día, comenzarás a notar una transformación en cómo abordas tanto tu trabajo como tu vida personal. Con el tiempo, estas prácticas se convertirán en hábitos que te permitirán enfrentar los desafíos del desarrollo de software con una mente más clara y tranquila.

El mindfulness te ofrece una herramienta poderosa para navegar el ajetreo y el bullicio del entorno laboral moderno. Al practicar la atención plena, puedes desarrollar una mayor resiliencia emocional, lo que te ayuda a manejar mejor las presiones y las expectativas que a menudo acompañan a los proyectos de software. Además, al estar más presente, puedes mejorar tus habilidades de comunicación y colaboración, lo que beneficia no solo a ti, sino también a tu equipo.

A medida que estas prácticas se convierten en parte de tu rutina, también notarás una mejora en tu capacidad para tomar decisiones informadas y creativas. La claridad mental que proporciona el mindfulness te permite ver las situaciones desde diferentes perspectivas, lo que puede llevar a soluciones más innovadoras y efectivas.

En última instancia, el mindfulness no solo transforma tu experiencia laboral, sino que también enriquece tu vida personal. Al cultivar una mayor conciencia y gratitud, puedes disfrutar más de los momentos cotidianos y construir relaciones más significativas. Así que, sigue practicando estas técnicas y observa cómo el mindfulness puede ser un aliado valioso en tu camino hacia un desarrollo de software más equilibrado y satisfactorio.

CAPÍTULO 6 NUTRICIÓN Y EJERCICIO PARA UN CEREBRO ACTIVO

A continuación, vamos a hablar sobre dos aspectos fundamentales que a menudo se pasan por alto en el mundo del desarrollo de software: la nutrición y el ejercicio. Aunque puede parecer que estos temas no están directamente relacionados con el código, la verdad es que lo que comes y cómo te mueves tienen un impacto significativo en tu productividad y bienestar general. Vamos a explorar cómo la alimentación y el ejercicio pueden mantener tu cerebro activo y ofrecerte algunos consejos prácticos para llevar un estilo de vida saludable.

6.1 CÓMO LA ALIMENTACIÓN Y EL EJERCICIO IMPACTAN EN LA PRODUCTIVIDAD

Como desarrolladores, pasamos mucho tiempo frente a la pantalla, lo que puede llevarnos a descuidar nuestra salud física. Sin embargo, una buena nutrición y el ejercicio regular son esenciales para mantener nuestro cerebro en óptimas condiciones. Aquí te explico cómo:

1. Nutrición:

Impacto en el cerebro: Los alimentos que consumes son el combustible para tu cerebro. Una dieta equilibrada rica en nutrientes esenciales puede mejorar tu concentración, memoria y estado de ánimo.

Alimentos recomendados:

-Frutas y verduras: Ricas en antioxidantes y vitaminas, ayudan a proteger el cerebro del estrés oxidativo. Incluye bayas, naranjas, espinacas y brócoli en tu dieta.

-Grasas saludables: Como las que se encuentran en el aguacate, las nueces y el aceite de oliva, son esenciales para la salud cerebral.

-Proteínas magras: El pescado, especialmente el salmón y las sardinas, es una excelente fuente de ácidos grasos omega-3, que son cruciales para la función cerebral.

-Carbohidratos complejos: Alimentos como la avena, el arroz integral y las legumbres proporcionan energía sostenida y ayudan a mantener estables los niveles de azúcar en sangre.

Ejemplo: Imagina que estás trabajando en un proyecto complejo. Si tu dieta está llena de alimentos procesados y azúcares, es probable que experimentes caídas de energía y dificultad para concentrarte. En cambio, una dieta rica en frutas, verduras, proteínas magras y grasas saludables puede proporcionarte energía sostenida y mejorar tu enfoque.

2. Ejercicio:

Impacto en el cerebro: El ejercicio regular aumenta el flujo sanguíneo al cerebro, lo que puede mejorar la función cognitiva y reducir el estrés. También libera endorfinas, que son conocidas como las hormonas de la felicidad.

Actividades recomendadas:

-Durante la semana: Opta por actividades que puedas incorporar fácilmente en tu rutina diaria, como caminar, andar en bicicleta o practicar yoga. Estas actividades no solo son accesibles, sino que también ayudan a reducir el estrés y mejorar la flexibilidad.

-Fines de semana: Aprovecha el tiempo libre para actividades más intensas o recreativas, como jugar al fútbol, nadar o hacer senderismo. Estas actividades no solo son excelentes para el cuerpo, sino que también ofrecen una oportunidad para socializar y disfrutar del aire libre.

Ejemplo: Después de una sesión de ejercicio, como una caminata rápida o una clase de yoga, es probable que te sientas más alerta y con mejor ánimo. Esto puede traducirse en una mayor productividad y creatividad al volver a tu escritorio.

6.2 CONSEJOS PARA MANTENER UN ESTILO DE VIDA SALUDABLE

Ahora que sabemos cómo la nutrición y el ejercicio pueden beneficiar nuestra productividad, aquí tienes algunos consejos prácticos para incorporar hábitos saludables en tu rutina diaria:

1. Planifica tus comidas:

Descripción: Dedica tiempo a planificar tus comidas para asegurarte de que estás obteniendo una dieta equilibrada. Esto te ayudará a evitar la tentación de recurrir a opciones poco saludables.

Consejo: Prepara tus almuerzos y snacks con anticipación. Incluye una variedad de alimentos ricos en nutrientes, como frutas, verduras, nueces y yogur.

2. Mantente hidratado:

Descripción: La deshidratación puede afectar negativamente tu concentración y energía. Asegúrate de beber suficiente agua a lo largo del día.

Consejo: Mantén una botella de agua en tu escritorio y establece recordatorios para beber agua regularmente.

3. Incorpora el ejercicio en tu rutina:

Descripción: No necesitas pasar horas en el gimnasio para obtener los beneficios del ejercicio. Incluso pequeñas cantidades de actividad física pueden marcar una gran diferencia.

Consejo: Intenta incorporar pausas activas en tu día. Levántate y estírate cada hora, da un paseo durante el almuerzo o prueba una rutina corta de ejercicios en casa.

4. Prioriza el sueño:

Descripción: Un buen descanso es esencial para la salud del cerebro y la productividad. Asegúrate de dormir lo suficiente cada noche.

Consejo: Establece una rutina de sueño consistente y crea un ambiente relajante en tu dormitorio para mejorar la calidad del sueño.

5. Escucha a tu cuerpo:

Descripción: Presta atención a las señales de tu cuerpo y ajusta tus hábitos según sea necesario. Si te sientes cansado o estresado, puede ser una señal de que necesitas más descanso o cambios en tu dieta.

Consejo: Practica la atención plena para estar más en sintonía con las necesidades de tu cuerpo y hacer ajustes proactivos en tu estilo de vida

Al incorporar una buena nutrición y ejercicio en tu rutina diaria, no solo mejorarás tu productividad, sino que también te sentirás mejor en general. Estos hábitos saludables te ayudarán a mantener un cerebro activo y a enfrentar los desafíos del desarrollo de software con energía y claridad.

Reflexionar sobre la importancia de cuidar nuestro cuerpo y mente es esencial en un campo tan exigente como el desarrollo de software. A menudo, nos enfocamos tanto en cumplir con plazos y resolver problemas complejos que olvidamos que nuestro bienestar físico y mental es la base sobre la cual se construye todo lo demás. Al priorizar una alimentación equilibrada y un régimen de ejercicio regular, estás invirtiendo en tu capacidad para pensar con claridad, innovar y mantener un enfoque sostenido en tus proyectos.

Además, estos hábitos no solo benefician tu vida profesional, sino que también enriquecen tu vida personal. Al sentirte más saludable y con más energía, puedes disfrutar más de tus pasatiempos, pasar tiempo de calidad con tus seres queridos y enfrentar los desafíos diarios con una actitud positiva.

Recuerda que el camino hacia un estilo de vida saludable no se trata de hacer cambios drásticos de la noche a la mañana, sino de incorporar pequeños ajustes que se conviertan en parte de tu rutina diaria. Cada elección saludable que haces es un paso hacia un futuro más equilibrado y satisfactorio. Así que, mientras continúas tu viaje en el mundo del desarrollo de software, no olvides cuidar de ti mismo. Tu cuerpo y mente son tus herramientas más valiosas, y merecen la misma atención y cuidado que le das a tu código.

CAPÍTULO 7 DESARROLLANDO RESILIENCIA EMOCIONAL

En este capítulo, vamos a hablar sobre un tema que es crucial para cualquier desarrollador de software: la resiliencia emocional. En un campo donde las demandas son altas y los cambios son constantes, desarrollar la capacidad de manejar la presión y el estrés es esencial. Vamos a explorar estrategias para enfrentar estos desafíos y cómo cultivar una mentalidad resiliente que te permita prosperar, sin importar las circunstancias.

7.1 ¿QUÉ ES LA RESILIENCIA?

La resiliencia es la capacidad de adaptarse y recuperarse de situaciones difíciles o desafiantes. No se trata de evitar el estrés o las dificultades, sino de enfrentarlas de manera efectiva y salir fortalecido de ellas. Piensa en la resiliencia como un músculo que puedes fortalecer con el tiempo. Cuanto más lo ejercitas, más capaz eres de manejar los altibajos de la vida, especialmente en un entorno tan dinámico como el desarrollo de software.

En el contexto del trabajo, la resiliencia te permite mantener la calma y la claridad mental cuando te enfrentas a plazos ajustados, errores inesperados o cambios en los proyectos. Es lo que te ayuda a seguir adelante cuando las cosas no salen como esperabas y a encontrar soluciones creativas a los problemas.

La resiliencia no significa que no sientas estrés o frustración; esos son sentimientos humanos normales. Más bien, se trata de cómo respondes a esos sentimientos. Una persona resiliente es capaz de reconocer sus emociones, manejarlas de manera constructiva y seguir avanzando con una actitud positiva.

Desarrollar resiliencia emocional no solo mejora tu capacidad para manejar el estrés en el trabajo, sino que también enriquece tu vida personal. Te ayuda a construir relaciones más fuertes, a mantener una perspectiva equilibrada y a disfrutar más de los momentos cotidianos. Ahora que entendemos qué es la resiliencia, exploremos algunas estrategias para manejar la presión y el estrés, y cómo cultivar una mentalidad resiliente que te permita prosperar, sin importar las circunstancias.

7.2 ESTRATEGIAS PARA MANEJAR LA PRESIÓN Y EL ESTRÉS

El estrés y la presión son compañeros frecuentes en el mundo del desarrollo de software. Ya sea por plazos ajustados, bugs inesperados o cambios de última hora en los requisitos, es fácil sentirse abrumado. Aquí te dejo algunas estrategias para manejar estos momentos de presión:

1. Descomponer las tareas:
Descripción: Cuando te enfrentas a un proyecto grande o complejo, puede ser útil dividirlo en tareas más pequeñas y manejables. Esto no solo hace que el trabajo sea menos intimidante, sino que también te permite ver el progreso más claramente.
Ejemplo: Si estás desarrollando una nueva funcionalidad, comienza por desglosar el proyecto en pasos específicos, como diseñar la interfaz, escribir el código backend y realizar pruebas. Completar cada paso te dará una sensación de logro y te ayudará a mantener el enfoque.

2. Practicar la respiración profunda:
Descripción: La respiración profunda es una técnica simple pero efectiva para reducir el estrés en el momento. Al centrarte en tu respiración, puedes calmar tu mente y cuerpo rápidamente.
Ejemplo: Cuando sientas que la presión está aumentando, toma un momento para cerrar los ojos y respirar profundamente. Inhala contando hasta cuatro, mantén la respiración por cuatro segundos y exhala contando hasta cuatro. Repite esto varias veces hasta que te sientas más tranquilo.

3. Establecer límites claros:
Descripción: Aprender a decir no y establecer límites claros es crucial para evitar el agotamiento. No puedes hacerlo todo, y está bien priorizar tu bienestar.
Ejemplo: Si te piden que asumas una tarea adicional que no puedes manejar, sé honesto sobre tu carga de trabajo y negocia plazos realistas o busca apoyo

de tu equipo.

4. Tomar descansos regulares:

Descripción: Los descansos regulares son esenciales para mantener la productividad y la salud mental. Permiten que tu cerebro descanse y se recargue.

Ejemplo: Usa la Técnica Pomodoro para trabajar en bloques de 25 minutos seguidos de un descanso de 5 minutos. Durante el descanso, levántate, estírate o haz algo que disfrutes para despejar tu mente.

7.3 CÓMO CULTIVAR UNA MENTALIDAD RESILIENTE

La resiliencia emocional no es algo con lo que nacemos; es una habilidad que podemos desarrollar con el tiempo. Aquí te dejo algunas formas de cultivar una mentalidad resiliente:

1. Aceptar el cambio como parte del proceso:

Descripción: En el desarrollo de software, el cambio es inevitable. Aprender a aceptar el cambio como una oportunidad para crecer y aprender es clave para desarrollar resiliencia.

Ejemplo: Cuando un proyecto cambia de dirección, en lugar de frustrarte, busca formas de adaptarte y ver qué puedes aprender de la nueva situación.

2. Fomentar el pensamiento positivo:

Descripción: Mantener una actitud positiva puede ayudarte a enfrentar los desafíos con más confianza y menos estrés.

Ejemplo: Practica la gratitud escribiendo tres cosas por las que estás agradecido cada día. Esto puede ayudarte a mantener una perspectiva positiva incluso en momentos difíciles.

3. Aprender de los errores:

Descripción: Los errores son una parte natural del proceso de aprendizaje. En lugar de verlos como fracasos, míralos como oportunidades para mejorar.

Ejemplo: Después de un error, reflexiona sobre lo que salió mal y cómo puedes evitarlo en el futuro. Esta mentalidad de crecimiento te ayudará a ser más resiliente.

4. Construir una red de apoyo:

Descripción: Tener una red de apoyo sólida puede hacer una gran diferencia en tu capacidad para manejar el estrés y la presión.

Ejemplo: Conéctate con colegas, amigos o mentores que puedan ofrecerte consejos, apoyo emocional o simplemente un oído atento cuando lo necesites.

Desarrollar resiliencia emocional es más que solo aprender a manejar el estrés; es una transformación profunda en cómo te relacionas con los desafíos y las oportunidades de la vida. En el mundo del desarrollo de software, donde la presión de los plazos, las demandas de los proyectos y la necesidad constante de innovar pueden ser significativas, la resiliencia se convierte en una herramienta invaluable que te empodera para enfrentar cualquier obstáculo con confianza y gracia.

A medida que practicas las estrategias para manejar la presión y el estrés, y cultivas una mentalidad resiliente, comenzarán a emerger cambios positivos en todos los aspectos de tu vida. No solo estarás mejor equipado para lidiar con los altibajos en el trabajo, sino que también experimentarás un crecimiento personal significativo. La resiliencia te enseña a ver los errores no como fracasos, sino como oportunidades para aprender y crecer, fomentando una mentalidad de crecimiento que puede llevarte a nuevos niveles de éxito personal y profesional.

Además, al fortalecer tu resiliencia, notarás que tus relaciones interpersonales también mejoran. Ser capaz de comunicar tus necesidades, encontrar el apoyo necesario y ofrecerlo a los demás refuerza los lazos que tienes, tanto dentro como fuera del trabajo. Esta red de apoyo es un pilar fundamental de la resiliencia, ya que te proporciona un sentido de pertenencia y seguridad.

Recuerda que la resiliencia no es un rasgo estático; es algo que crece y se desarrolla con el tiempo. Cada desafío que enfrentas es una oportunidad para fortalecer ese músculo. Así que, mientras continúas tu viaje en el mundo del desarrollo de software, lleva contigo las herramientas de resiliencia que has aprendido aquí. Con cada paso, te volverás más hábil, equilibrado y capaz de enfrentar cualquier desafío con una mentalidad positiva y proactiva.

En última instancia, la resiliencia emocional te permitirá disfrutar más de tu trabajo y de la vida en general. Con una mente clara y un espíritu fuerte, estarás preparado para abrazar el cambio, superar obstáculos y alcanzar tus metas con determinación y enfoque.

CAPÍTULO 8 BALANCE ENTRE VIDA PERSONAL Y PROFESIONAL

En las siguientes páginas abordaremos un tema que es fundamental para cualquier desarrollador de software: encontrar el equilibrio entre la vida personal y profesional. En un mundo donde el trabajo puede fácilmente invadir nuestro tiempo personal, establecer límites saludables y aprender a desconectar es esencial para nuestro bienestar y felicidad. Vamos a explorar cómo puedes lograr este equilibrio y ofrecerte algunos consejos prácticos para recargar energías.

8.1 ESTABLECIENDO LÍMITES SALUDABLES ENTRE EL TRABAJO Y LA VIDA PERSONAL

En el desarrollo de software, donde los proyectos pueden ser exigentes y las horas largas, es fácil dejar que el trabajo se desborde en nuestra vida personal. Sin embargo, establecer límites claros es crucial para mantener un equilibrio saludable. Aquí te dejo algunas estrategias para lograrlo:

1. Define tus horas de trabajo:

Descripción: Establecer un horario de trabajo claro te ayuda a separar el tiempo laboral del personal. Esto es especialmente importante si trabajas desde casa, donde las líneas pueden volverse borrosas.

Ejemplo: Decide que tu jornada laboral será de 9 a 6, y comprométete a no revisar correos electrónicos ni trabajar fuera de ese horario. Usa herramientas de gestión del tiempo para ayudarte a mantener este límite.

2. Crea un espacio de trabajo dedicado:

Descripción: Tener un espacio de trabajo designado puede ayudarte a crear una separación física y mental entre el trabajo y la vida personal.

Ejemplo: Si es posible, establece una oficina en casa o un rincón específico donde solo trabajes. Al final del día, cierra la puerta o apaga el equipo para señalar el final de la jornada laboral.

3. Comunica tus límites:

Descripción: Es importante que tus colegas y superiores conozcan tus límites para que puedan respetarlos.

Ejemplo: Informa a tu equipo sobre tus horas de disponibilidad y asegúrate de que sepan que no responderás a mensajes fuera de ese horario, a menos que sea una emergencia.

4. Aprende a decir no:

Descripción: No todas las solicitudes o tareas adicionales merecen tu tiempo. Aprender a decir no es clave para proteger tu tiempo personal.

Ejemplo: Si te piden que trabajes en un proyecto adicional que no puedes manejar, sé honesto sobre tu carga de trabajo y prioriza tus tareas actuales.

8.2 CONSEJOS PARA DESCONECTAR Y RECARGAR ENERGÍAS

Desconectar del trabajo es esencial para recargar energías y mantener un equilibrio saludable. Aquí tienes algunos consejos para ayudarte a hacerlo:

1. Establece rituales de desconexión:

Descripción: Crear rituales al final del día puede ayudarte a hacer la transición del trabajo a la vida personal.

Ejemplo: Al final de tu jornada laboral, dedica unos minutos a meditar, dar un paseo o practicar una actividad que disfrutes. Esto te ayudará a dejar atrás el estrés del día y a centrarte en el presente.

2. Practica hobbies y actividades recreativas:

Descripción: Dedicar tiempo a tus pasatiempos y actividades recreativas es una excelente manera de desconectar y recargar energías.

Ejemplo: Ya sea que te guste pintar, tocar un instrumento o practicar deportes, asegúrate de reservar tiempo cada semana para estas actividades que te apasionan.

3. Desconecta de la tecnología:

Descripción: Tomar un descanso de las pantallas puede ser revitalizante y ayudarte a recargar energías.

Ejemplo: Establece momentos del día en los que te desconectes de dispositivos electrónicos, como durante las comidas o antes de dormir. Usa este tiempo para leer un libro, disfrutar de la naturaleza o simplemente relajarte.

4. Prioriza el descanso y el sueño:

Descripción: Un buen descanso es esencial para tu bienestar físico y mental. Asegúrate de dormir lo suficiente cada noche.

Ejemplo: Crea una rutina de sueño consistente y un ambiente relajante en tu dormitorio para mejorar la calidad del sueño. Evita el uso de dispositivos electrónicos al menos una hora antes de acostarte.

5. Conéctate con tus seres queridos:

Descripción: Pasar tiempo de calidad con amigos y familiares es una excelente manera de desconectar del trabajo y fortalecer tus relaciones personales.

Ejemplo: Organiza cenas, salidas o simplemente momentos de conversación con tus seres queridos. Estas conexiones te proporcionan apoyo emocional y te ayudan a mantener una perspectiva equilibrada.

Encontrar el equilibrio entre la vida personal y profesional es un viaje continuo y profundamente personal. En el mundo del desarrollo de software, donde las demandas pueden ser intensas y las horas largas, es fácil perder de vista la importancia de este equilibrio. Sin embargo, al establecer límites saludables y aprender a desconectar, no solo proteges tu bienestar, sino que también te preparas para ser más efectivo y creativo en tu trabajo.

La clave para lograr este equilibrio radica en la intención y la práctica constante. Al definir tus horas de trabajo, crear un espacio de trabajo dedicado y comunicar tus límites, estás estableciendo un marco que te permite ser productivo sin sacrificar tu vida personal. Aprender a decir no y priorizar tus tareas te ayuda a mantener el enfoque en lo que realmente importa, tanto en el trabajo como en casa.

Desconectar y recargar energías es igualmente crucial. Al establecer rituales de desconexión, practicar hobbies y priorizar el descanso, te das el espacio necesario para rejuvenecer y volver al trabajo con una mente clara y renovada. Estas prácticas no solo mejoran tu bienestar físico y mental, sino que también enriquecen tus relaciones personales, proporcionando un sistema de apoyo que es invaluable en momentos de estrés.

Recuerda que el equilibrio no es un estado estático, sino un proceso dinámico que requiere ajustes continuos. A medida que cambian tus responsabilidades y prioridades, es importante reevaluar y adaptar tus límites y prácticas de desconexión. Al hacerlo, te aseguras de que estás viviendo una vida que es rica y satisfactoria en todos los aspectos.

En última instancia, el equilibrio entre la vida personal y profesional te permite disfrutar más de tu trabajo y de la vida en general. Al cuidar de ti mismo, estás invirtiendo en tu capacidad para enfrentar los desafíos con resiliencia y entusiasmo. Así que sigue adelante, aplica estos consejos y observa cómo transforman tu vida, permitiéndote prosperar tanto en el ámbito profesional como en el personal.

CAPÍTULO 9 HISTORIAS DE ÉXITO: PROGRAMADORES QUE CODIFICAN CON CALMA

En este apartado, vamos a inspirarnos con historias de éxito de programadores que han logrado encontrar el equilibrio entre la vida personal y profesional, y que han aprendido a programar con calma. A través de sus testimonios, veremos cómo han implementado las estrategias que hemos discutido a lo largo de este libro y qué lecciones han aprendido en el camino. Estas historias no solo son inspiradoras, sino que también ofrecen consejos prácticos que puedes aplicar en tu propia vida.

9.1 TESTIMONIOS DE DESARROLLADORES QUE HAN ENCONTRADO EL EQUILIBRIO

1. Sandra, la programadora que redescubrió su pasión:

Sandra es una desarrolladora de software con más de diez años de experiencia en la industria tecnológica. Durante los primeros años de su carrera, Sandra se dedicó completamente a su trabajo, a menudo trabajando hasta altas horas de la noche para cumplir con los plazos. Aunque disfrutaba de su trabajo, comenzó a notar que su vida personal estaba sufriendo. Se sentía constantemente agotada y había perdido el entusiasmo que una vez tuvo por la programación.

Un día, después de perderse un evento familiar importante debido a una entrega de última hora, Sandra decidió que era hora de hacer un cambio. Comenzó a establecer límites claros en su horario de trabajo, asegurándose de terminar a una hora razonable cada día. También se comprometió a no revisar correos electrónicos fuera del horario laboral. En su tiempo libre, redescubrió su amor por la fotografía, una pasión que había dejado de lado. Salir a capturar momentos con su cámara le permitió reconectar con su creatividad y encontrar un nuevo equilibrio.

- **Lección aprendida:** "Aprendí que decir no es una forma de decir sí a mí misma. Al establecer límites, no solo mejoré mi bienestar, sino que también redescubrí mi pasión por la programación."

- **Consejo práctico:** Sandra recomienda establecer un horario de trabajo fijo y comunicarlo claramente a tu equipo. Esto te ayuda a proteger tu tiempo personal y a mantener un equilibrio saludable.

2. Miguel, el defensor del mindfulness:

Miguel es un desarrollador que trabaja en una empresa de tecnología de rápido crecimiento. Con el aumento de la carga de trabajo y la presión para innovar, Miguel comenzó a experimentar ansiedad y estrés. Se dio cuenta de que necesitaba encontrar una manera de manejar estos sentimientos para poder seguir siendo productivo y feliz en su trabajo.

Después de investigar diferentes técnicas de manejo del estrés, Miguel decidió probar el mindfulness. Comenzó a practicar la meditación diaria, dedicando unos minutos cada mañana para centrarse y establecer una intención para el día. También incorporó pausas conscientes en su rutina, utilizando técnicas de respiración para calmarse durante momentos de alta presión. Además, Miguel encontró que salir a correr después del trabajo le ayudaba a despejar la mente y a liberar tensiones acumuladas durante el día.

- **Lección aprendida:** "El mindfulness me enseñó a estar presente y a no dejarme llevar por el estrés. Ahora, enfrento los desafíos con una mente más clara y tranquila."

- **Consejo práctico:** Miguel sugiere comenzar el día con una breve meditación y tomar pausas regulares para practicar la respiración consciente. Esto te ayuda a mantener la calma y el enfoque durante el día.

3. Alexis, el promotor del equilibrio entre trabajo y vida:

Alexis es un ingeniero de software que siempre ha valorado el equilibrio entre su vida personal y profesional. Desde el comienzo de su carrera, Alexis se aseguró de que su trabajo no consumiera todo su tiempo y energía. A lo largo de los años, ha priorizado sus pasatiempos, como la pintura y el senderismo, y ha dedicado tiempo de calidad a su familia y amigos.

Alexis cree firmemente que un equilibrio saludable es clave para la felicidad y el éxito a largo plazo. Ha rechazado oportunidades laborales que habrían comprometido su tiempo personal y ha aprendido a delegar tareas cuando es necesario. Los fines de semana, Alexis organiza caminatas con amigos en las montañas cercanas, lo que le permite desconectar del trabajo y disfrutar de la naturaleza.

- Lección aprendida: "El equilibrio no es un lujo, es una necesidad. Al cuidar de mi vida personal, soy más productivo y creativo en el trabajo."

- Consejo práctico: Alexis recomienda reservar tiempo cada semana para actividades que te apasionen, ya sea practicar un deporte, tocar un instrumento o simplemente pasar tiempo con tus seres queridos.

9.2 LECCIONES APRENDIDAS Y CONSEJOS PRÁCTICOS

A través de estas historias, podemos extraer algunas lecciones clave que pueden ayudarte a programar con calma y encontrar el equilibrio en tu vida:

1. **Establece límites claros:** No tengas miedo de decir no y de proteger tu tiempo personal. Comunica tus límites a tu equipo y asegúrate de respetarlos.

2. **Practica el mindfulness:** Incorpora prácticas de atención plena en tu rutina diaria para reducir el estrés y mejorar tu enfoque. La meditación y la respiración consciente son herramientas efectivas para mantener la calma.

3. **Prioriza el equilibrio:** Recuerda que el trabajo es solo una parte de tu vida. Dedica tiempo a tus pasatiempos y relaciones personales para mantener un equilibrio saludable.

4. **Aprende de los errores:** No te castigues por los errores; en su lugar, míralos como oportunidades para aprender y crecer. La resiliencia se construye a través de la experiencia.

5. **Busca apoyo:** Conéctate con colegas y amigos que puedan ofrecerte apoyo y consejos. Una red de apoyo sólida es invaluable para mantener el equilibrio y la motivación.

Las historias de Sandra, Miguel y Alexis nos muestran que encontrar el equilibrio entre la vida personal y profesional no solo es posible, sino también esencial para una carrera satisfactoria y una vida plena. Cada uno de ellos, a su manera, ha demostrado que establecer límites, practicar el mindfulness y priorizar el bienestar personal son componentes clave para programar con calma y disfrutar del trabajo que hacemos.

La reflexión final de este capítulo nos invita a considerar cómo podemos aplicar estas lecciones en nuestras propias vidas. En un mundo donde la tecnología avanza rápidamente y las demandas laborales son constantes, es fácil perder de vista lo que realmente importa. Sin embargo, al tomar un momento para reflexionar sobre nuestras prioridades y hacer ajustes conscientes, podemos crear un entorno que nos permita prosperar tanto profesional como personalmente.

El equilibrio no es un destino, sino un viaje continuo. Requiere atención y ajustes constantes, pero los beneficios son inmensos. Al encontrar este equilibrio, no solo mejoramos nuestra productividad y creatividad, sino que también enriquecemos nuestras relaciones y nuestro bienestar general. Nos volvemos más resilientes, más felices y más capaces de enfrentar los desafíos con una mentalidad positiva.

Así que, mientras continúas tu camino en el mundo del desarrollo de software, recuerda que tienes el poder de diseñar una vida que refleje tus valores y prioridades. Inspírate en las historias de éxito de aquellos que han encontrado su equilibrio y utiliza sus experiencias como guía para crear tu propia historia de éxito. Al final del día, programar con calma no es solo una forma de trabajar, sino una forma de vivir.

CAPÍTULO 10 REFLEXIONES FINALES

Hacia un Futuro de Programación Saludable

Hemos llegado al final de nuestro viaje juntos en "Programando con Calma". A lo largo de este libro, hemos explorado cómo encontrar el equilibrio y el bienestar en el mundo del desarrollo de software. Ahora, es momento de reflexionar sobre los principios clave que hemos aprendido y hacer un llamado a la acción para toda la comunidad tecnológica.

10.1 RESUMEN DE LOS PRINCIPIOS CLAVE

1. **Gestión del tiempo y prioridades:**

Aprendimos que gestionar nuestro tiempo de manera efectiva y establecer prioridades claras nos permite trabajar de manera más inteligente, no más dura. Al enfocarnos en lo que realmente importa, podemos mejorar nuestra productividad y mantener la calidad de nuestro trabajo.

2. **Importancia de las pausas y el descanso:**

Tomar descansos regulares es esencial para recargar energías y mantener la concentración. Incorporar pausas efectivas en nuestra rutina diaria nos ayuda a reducir el estrés y a mejorar nuestro bienestar general.

3. **Colaboración y apoyo mutuo:**

Fomentar un entorno de trabajo colaborativo y de apoyo es clave para el éxito de cualquier equipo. Al construir relaciones sólidas y comunicarnos abiertamente, podemos crear un ambiente donde todos puedan prosperar.

4. **Mindfulness y técnicas de relajación:**

Practicar el mindfulness y otras técnicas de relajación nos ayuda a mantener la calma y el enfoque en momentos de estrés. Estas prácticas nos permiten estar presentes y abordar los desafíos con una mente clara.

5. **Nutrición y ejercicio:**

Cuidar de nuestro cuerpo a través de una buena nutrición y ejercicio regular es fundamental para mantener un cerebro activo y una mente alerta. Estos hábitos saludables nos proporcionan la energía necesaria para enfrentar los desafíos del día a día.

6. Resiliencia emocional:

Desarrollar resiliencia emocional nos permite adaptarnos y recuperarnos de situaciones difíciles. Al cultivar una mentalidad resiliente, podemos enfrentar los desafíos con confianza y salir fortalecidos de ellos.

7. Equilibrio entre vida personal y profesional:

Encontrar un equilibrio saludable entre el trabajo y la vida personal es esencial para nuestro bienestar y felicidad. Al establecer límites claros y aprender a desconectar, podemos disfrutar más de nuestro trabajo y de la vida en general.

10.2 UN LLAMADO A LA ACCIÓN PARA LA COMUNIDAD TECNOLÓGICA

Como comunidad tecnológica, tenemos la oportunidad y la responsabilidad de promover un enfoque más saludable y equilibrado hacia el desarrollo de software. Aquí te dejo algunas ideas sobre cómo podemos lograrlo juntos:

• **Promover la cultura del bienestar:** Fomentemos una cultura que valore el bienestar de los empleados tanto como la productividad. Esto incluye ofrecer recursos para la salud mental, promover horarios de trabajo flexibles y alentar a los equipos a tomar descansos regulares.

• **Fomentar la diversidad y la inclusión:** Un entorno diverso e inclusivo enriquece nuestras perspectivas y nos permite crear soluciones más innovadoras. Trabajemos juntos para construir equipos que reflejen la diversidad del mundo en el que vivimos.

• **Apoyar el aprendizaje continuo:** La tecnología está en constante evolución, y nosotros también deberíamos estarlo. Fomentemos el aprendizaje continuo y el desarrollo profesional para que todos los miembros de la comunidad puedan crecer y prosperar.

• **Compartir historias de éxito:** Compartamos nuestras experiencias y aprendizajes con otros. Al hacerlo, podemos inspirar a más personas a encontrar su propio equilibrio y a programar con calma.

• **Ser agentes de cambio:** Cada uno de nosotros tiene el poder de ser un agente de cambio en nuestra comunidad. Al adoptar prácticas saludables y promover un enfoque equilibrado, podemos influir positivamente en quienes nos rodean.

A medida que cerramos este capítulo final, es importante reflexionar sobre el viaje que hemos emprendido juntos hacia un futuro de programación más saludable. En un mundo donde la tecnología avanza a un ritmo vertiginoso, es fácil quedar atrapado en la carrera por ser más rápido y más eficiente. Sin embargo, hemos aprendido que el verdadero éxito no se mide solo por la cantidad de código que escribimos, sino por la calidad de vida que llevamos mientras lo hacemos.

La programación es una disciplina que requiere tanto de la mente como del corazón. Al integrar prácticas de bienestar en nuestra rutina diaria, no solo mejoramos nuestra productividad, sino que también enriquecemos nuestra experiencia de vida. Hemos visto cómo la gestión del tiempo, el mindfulness, la nutrición, el ejercicio y el equilibrio entre la vida personal y profesional son pilares fundamentales para mantenernos en nuestro mejor estado.

Pero más allá de las prácticas individuales, este libro es un llamado a la acción para toda la comunidad tecnológica. Juntos, tenemos la capacidad de transformar la cultura del trabajo en tecnología. Podemos crear entornos donde el bienestar sea una prioridad, donde la diversidad y la inclusión sean la norma, y donde el aprendizaje continuo sea una fuente de inspiración y crecimiento.

Imagina un futuro donde cada desarrollador se sienta apoyado, valorado y motivado para dar lo mejor de sí mismo. Un futuro donde el estrés y el agotamiento sean la excepción, no la regla. Este es el futuro que podemos construir juntos, un futuro donde programar con calma sea la norma y no la excepción.

Así que, mientras avanzamos, llevemos con nosotros las lecciones aprendidas y el compromiso de ser agentes de cambio. Compartamos nuestras historias, apoyemos a nuestros colegas y sigamos promoviendo un enfoque equilibrado y saludable hacia el desarrollo de software. Al hacerlo, no solo mejoraremos nuestras propias vidas, sino que también dejaremos un legado positivo para las generaciones futuras de programadores.

Gracias por acompañarme en este viaje. Ahora, es tu turno de tomar lo que has aprendido y aplicarlo en tu vida y en tu comunidad.

ABOUT THE AUTHOR

Santiago Guido

 Santiago Guido es ingeniero industrial y licenciado en psicología por la Universidad Michoacana de San Nicolás de Hidalgo (UMSNH) de México. Especializado en el desarrollo de aplicaciones móviles y con más de 10 años de trayectoria en la industria tecnológica, ha trabajado en proyectos de desarrollo innovadores que abarcan una amplia gama de sectores. Su formación multidisciplinaria le ha permitido integrar principios de ingeniería, tecnología y psicología para promover estrategias que mejoren el bienestar y el desempeño de los desarrolladores en un entorno laboral altamente demandante. Santiago es un firme defensor del equilibrio entre productividad y salud emocional en el ámbito profesional.

BOOKS BY THIS AUTHOR

Principios De Ingeniería De Desarrollo De Software

Principios de Ingeniería de Desarrollo de Software

Este libro es tu guía ideal para iniciar en el mundo de la ingeniería de software. Desde fundamentos clave hasta buenas prácticas, cada capítulo te llevará paso a paso en temas como:

Diseño y codificación: Aprende algoritmos, lógica y principios de código limpio.
Pruebas y calidad: Mejora tu código con técnicas de prueba.
Gestión de proyectos: Domina los aspectos esenciales para trabajar en equipo y liderar proyectos exitosos.
Con explicaciones claras y prácticas, "Principios de Ingeniería de Desarrollo de Software" es el recurso perfecto para comenzar tu carrera de manera sólida.

www.ingramcontent.com/pod-product-compliance
Lightning Source LLC
LaVergne TN
LVHW080102070326
832902LV00014B/2382